# PRÉPARATION A LA LECTURE

**Jean Guion**
Docteur ès Sciences de l'Éducation

**Jeanine Guion**
Orthophoniste

**Charles Milou**
Inspecteur départemental
de l'Éducation Nationale

Illustrations de
**Jean-Loup Benoît**

SERMAP - HATIER

A un enfant qui a envie de lire, il faut se garder de dire : « Tu n'es pas encore assez grand. Tu n'as pas l'âge ! » Au contraire, il faut répondre à sa demande en l'aidant à faire ses premiers pas sur les chemins de la lecture.

Lorsque votre enfant a appris à marcher, à écouter ou à parler, vous l'avez toujours aidé. Maintenant est venu le moment où il va devoir franchir le pas décisif qui le conduira progressivement dans le monde des adultes : apprendre à lire. Plus que jamais, il a besoin de vous.

Dans les cinq livres de la série *Préparation à la lecture*, nous vous donnons des conseils pratiques et des exercices sous forme de jeux, pour aborder, dès quatre ans, l'apprentissage de la lecture. Les réponses aux questions posées par des parents (page 3) vous permettront de mieux comprendre quel rôle vous pouvez jouer auprès de votre enfant.

Un principe fondamental vous guidera tout au long de cet ouvrage : le plaisir que votre enfant aura à utiliser ce livre et, par voie de conséquence, votre joie de parents devant ses progrès sur les chemins de la lecture.

## Discussion avec des parents à propos de l'utilisation de ce livre

**Question : Je croyais qu'apprendre à lire c'était apprendre le B.A. BA...**
**Réponse :** Apprendre à déchiffrer ou apprendre le B.A. BA, comme vous dites, n'est qu'une phase de l'apprentissage de la lecture, sans doute la plus importante, mais elle n'est ni la première ni la dernière. En schématisant, nous dirons que l'enfant doit d'abord acquérir un certain nombre de notions pour pouvoir apprendre à déchiffrer. Une fois ce stade franchi, il accède à la lecture mentale. Tout cela signifie que l'apprentissage de la lecture dure plusieurs années, comme l'apprentissage de la parole. Aussi nous semble-t-il nécessaire de le commencer très tôt.

**Q. : Pourquoi présentez-vous les exercices sous forme de jeux ?**
**R. :** L'enfant préfère le jeu au travail, tout comme l'adulte ! L'atmosphère de jeu est favorable non seulement à l'apprentissage, mais aussi à une relation parents-enfant épanouissante.

**Q. : Est-il possible de faire les jeux que vous proposez dans n'importe quel ordre ?**
**R. :** Oui et non.
Oui, en ce sens que l'ordre de présentation n'est pas rigide et que vous avez toujours intérêt à suivre les désirs de votre enfant.
Non, en ce sens que la présentation des jeux suit une progression de difficultés à laquelle il est préférable de vous conformer.
Cette réponse nuancée signifie que l'idéal est de suivre l'ordre du livre, mais avec une certaine souplesse.

**Q. : Pensez-vous réellement que seule la mère puisse jouer un rôle dans l'apprentissage de la lecture ? Quel est, d'après-vous, le rôle du père ?**
**R. :** Dans le domaine de l'apprentissage de la lecture, le rôle des deux parents ne nous semble pas fondamentalement différent. Si, au cours de ce livre, nous avons choisi de faire parler la mère, c'est par pure convention : nous devions faire un choix pour simplifier la présentation. Il s'est naturellement porté sur la mère, puisque, dans la pratique, c'est le plus souvent elle qui remplit ce rôle. Nous aurions pu choisir également le père, la grand-mère...

**Q. : Lorsque je fais travailler mon enfant, est-ce que je dois dire exactement ce qui est écrit dans les consignes ?**
**R. :** Non, pas obligatoirement. Il ne faut pas hésiter à ajuster le texte à vos besoins, à changer un mot, le remplacer par un autre plus simple, à donner une explication. Mais surtout, évitez absolument le langage « bébé ».

**Q. : Est-ce que mon enfant saura lire à la fin de ce livre ?**
**R. :** Il aura commencé à apprendre avec un livre qui ne ressemble pas du tout à un manuel scolaire. Il aura eu du plaisir à apprendre avec vous. Comme vous aurez prolongé les jeux dans la vie courante, la lecture aura pénétré dans sa vie quotidienne : il aura pris un bon départ sur les chemins de la lecture.

**Q. : A quelle méthode de lecture correspondent ces livres ?**
**R. :** A toutes ! Savoir lire est un ensemble de compétences qui sont préparées à l'école, dès la maternelle. Ce qui change, dans les méthodes de lecture, c'est surtout l'ordre dans lequel on aborde ces compétences. Par la variété et la forme des exercices proposés, ces livres donnent aux parents la possibilité d'épauler, de façon cohérente et efficace, l'action des enseignants.

**Q. : Je veux garder ce livre pour plus tard. Mon enfant sera sans doute content de lire tout seul les contes quand il le pourra. Qu'en pensez-vous ?**
**R. :** Ceci nous semble une excellente idée.

**Q. : N'y a-t-il pas des secrets pour réussir l'apprentissage de la lecture ?**
**R. :** A notre avis, il y en a deux. Le premier est d'avoir envie d'apprendre à lire. Le second est d'éprouver du plaisir dans cet apprentissage. Vous voyez que, dans les deux cas, vous avez un rôle très important à jouer.

# Le roi qui était si petit,

Vous connaissez nos amis ? Ils sont quatre : Sino, le chien ; Fanfan, le lapin ; Zoé, la tortue et Pédro, le perroquet. Que fait Pédro ? Eh bien, il bavarde, comme tous les perroquets, et même il chante :

*Qui est le plus gros,*
*Qui est le plus beau,*
*Des perroquets de Santiago ?*
*C'est Pédro, Pédro, Pédro !*

Pédro chante si souvent cette chanson que ses amis ne peuvent plus la supporter !

- Bon, dit Pédro, on ne veut plus que je chante ? Eh bien, je vais raconter une histoire : celle du roi qui était si petit, si petit qu'une coquille de noix lui servait de lit et qu'on pouvait lui tailler deux manteaux dans un pétale de rose. Eh bien, c'était très ennuyeux pour tout le monde. La plus malheureuse était la reine qui avait dû acheter de grosses lunettes pour mieux le voir. « Que voulez-vous, disait-elle, un de ces quatre matins, je vais lui marcher dessus, moi ! » Mais ce n'était pas tout : ce roi avait une petite voix qu'on entendait à peine. Heureusement, il s'était trouvé, dans la ville, un homme aux oreilles si grandes qu'il aurait pu entendre une puce tousser. La reine le fit appeler et lui dit : « À partir d'aujourd'hui, tu resteras près du roi, je te nomme Grand Écoutant. »
- Oh ! dit Sino, grand dégoûtant ? Ce n'était pas gentil, ça.
- Je n'ai pas dit « grand dégoûtant », ouvre donc tes oreilles, toi aussi ; j'ai dit « grand é-cou-tant » : celui qui écoute. Bon, je continue. Un matin, le Grand Écoutant se précipita chez la reine, tout tremblant de peur.
- Majesté, dit-il, le roi est très en colère.
- Eh bien, qu'on lui donne une goutte de confiture de fraises, ça le calmera.
- Je ne crois pas, Majesté. Il dit qu'il en a assez de voir partout des gens plus grands que lui, et qu'il va nous faire couper la tête à tous.

## si petit...

- Diable, dit la reine, voilà qu'il devient méchant maintenant. Et elle fit appeler le médecin du palais.
- Ça ne peut plus continuer, lui dit-elle. Le roi nous trouve trop grands, il veut nous raccourcir d'une tête ; alors débrouillez-vous, faites-le grandir.
- Mais, Majesté...
- Il n'y a pas de « mais, Majesté », faites-le grandir, et vite.
Le médecin rentra chez lui, bien ennuyé. Il chercha dans son gros livre, celui où l'on parle des rois infirmes et des remèdes à leur donner.
« Voyons, voyons... rois sourds, ce n'est pas ça ; rois borgnes, ça ne va pas non plus ; rois bègues, rois idiots... Ah ! rois nains : "Donner dix gouttes de sirop de chiendent, le matin au petit déjeuner." »

Le médecin prépara son sirop et le porta à la reine : « Une seule goutte, pas plus, recommanda-t-il : il est si petit ! »
Mais le roi, qui avait peur de ne pas être assez grand, prit le flacon et le vida d'un seul coup. Et il tomba raide sur le tapis de sa chambre.
- Ah, mon Dieu, pleura la reine, nous l'avons tué !
- Non, dit le médecin, il est seulement endormi.

Et c'est vrai que le roi dormait. Et tout en dormant, il grandissait, il grandissait... Bientôt, sa tête et ses pieds touchèrent les murs. C'est alors qu'il se réveilla. Se voyant ainsi au sol, il voulut se redresser, mais sa tête vint frapper le plafond, si fort que le palais en trembla des caves jusqu'aux toits. Il faut dire que, sous le choc, le roi avait recraché une bonne partie de son sirop de chiendent ; et il se mit à rapetisser, tout doucement. Par bonheur, il s'arrêta alors qu'il était juste un peu plus grand que la reine. Il en fut si heureux, si heureux, qu'il offrit vingt tours de manège à chacun des enfants de la ville !
- Vingt tours de manège à chacun ! dit Zoé. Alors là, tout le monde a dû voir que c'était vraiment un très grand roi.

*Votre enfant connaît sans doute déjà nos précédents livres et les quatre compagnons : Pédro le perroquet, Fanfan le lapin, Zoé la tortue et Sino le chien. Si ce n'est pas le cas, faites-les-lui observer avant de commencer la lecture du conte. Utilisez alors les dessins des pages 1 et 2. Ce sont ces personnages qui, à tour de rôle, vont raconter les quatre histoires que l'on retrouve dans ce livre.*

*Après avoir lu le conte, examinez avec votre enfant les dessins de ces deux pages. Demandez-lui de raconter l'histoire à partir des images. Vous pouvez l'aider en lui posant des questions :*

- ☐ **Qui raconte l'histoire ?** *(Pédro, le perroquet.)*
- ☐ **Le roi de l'histoire n'est pas comme les autres.**
- ☐ **Pourquoi ?** *(Il est petit, très petit.)*
- ☐ **Que fait le médecin ?** *(Il donne du sirop de chiendent au roi.)*
- ☐ **Que se passe-t-il à la fin de l'histoire ?** *(Le roi est heureux parce qu'il a grandi.)*

*Vous pouvez aussi exercer sa mémoire des détails en lui demandant :*

- ☐ **Comment s'appelait l'homme aux grandes oreilles ?** *(Le Grand Écoutant.)*
- ☐ **Quand le roi est très en colère, qu'est-ce que la reine lui fait donner pour le calmer ?** *(Une goutte de confiture de fraises.)*
- ☐ **Qu'est-ce que le roi a offert aux enfants de la ville ?** *(Vingt tours de manège à chacun.)*

*Vous pouvez, bien sûr, poser d'autres questions si vous le souhaitez. L'essentiel est que votre enfant ait pris du plaisir à vous écouter, puis à vous raconter ce qu'il a compris. Il est possible qu'il vous réclame à nouveau cette histoire : n'hésitez pas à lui donner satisfaction.*

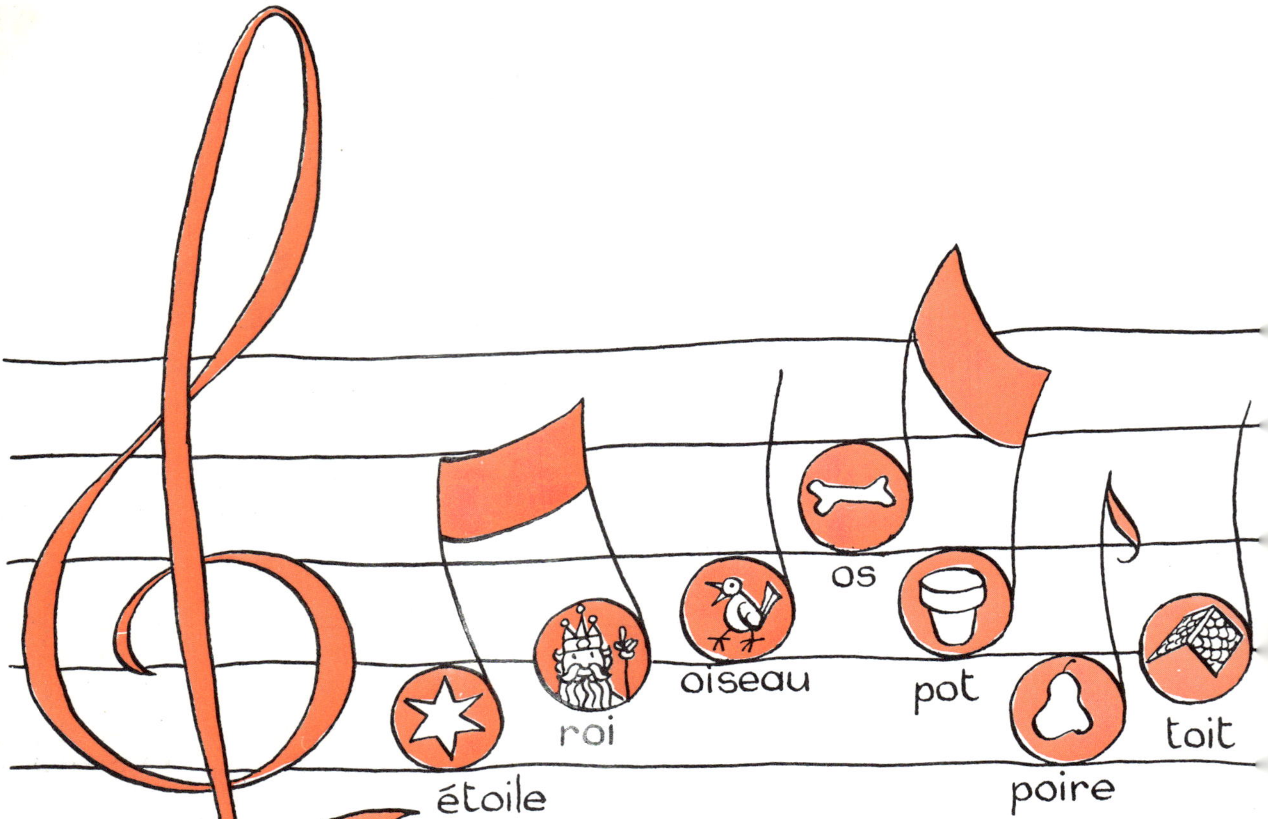


# Sino musicien

*Ce jeu va permettre à votre enfant de découvrir un nouveau son de notre langue : celui qui se dit et s'écrit* **oi.**

*— J'ai inventé une chanson avec beaucoup de (oi) dit Sino, parce que moi, je suis très fort pour les (oi, oi, oi.).*

*C'est la chanson des oi, oi*
*On la chante dans les bois*
*Aboyez tous avec moi*
*Je suis le roi des oi, oi.*

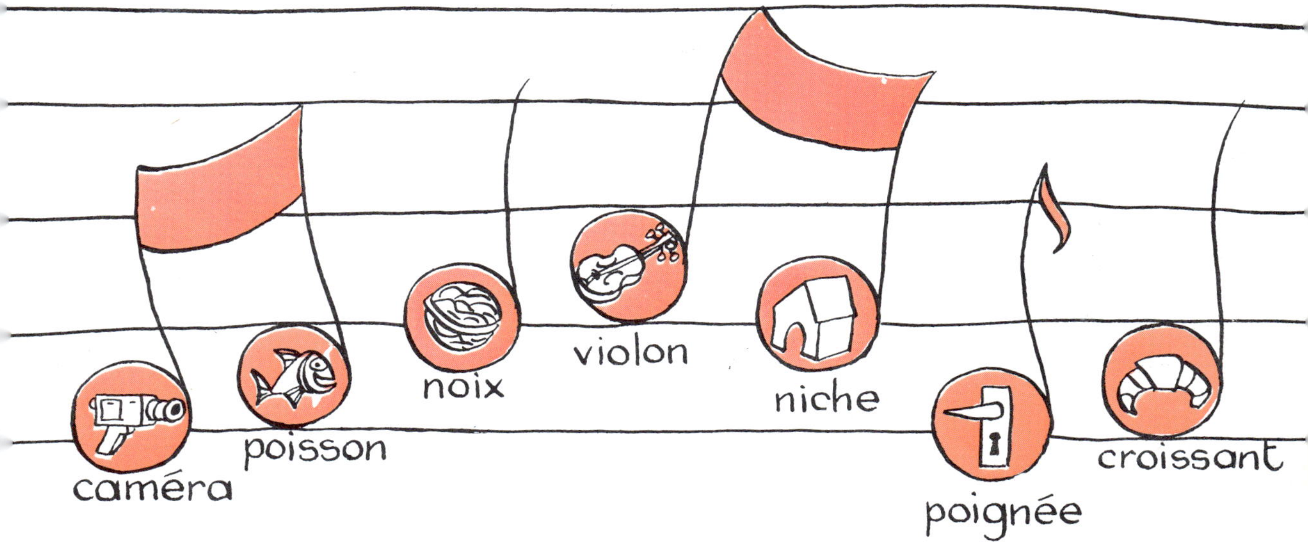


*(A chaque couplet, on change le deuxième vers en remplaçant* **dans les bois** *par* **sur les toits,** *puis par* **tous les mois,** *par* **à deux ou trois**, *par* **quand on a froid**, *etc.)*
*— Dans chaque note, un dessin représente un mot qui contient, ou non, le son* (oi) .
☐ **Regarde cette note** *(la première, à gauche).* **Qu'est-ce que tu vois ?** *(Réponse : une étoile.)*
☐ **Est-ce que tu entends (oi) dans ce mot ?** *(R. : oui.)*
*Procédez de même, de note en note, en allant vers la droite (c'est le sens de la lecture). Si votre enfant se trompe, chantez ensemble la chanson de Sino de façon à imprégner son oreille du son* (oi) *, puis reposez-lui la question. Soyez sûre que votre enfant réussira si vous l'encouragez avec gentillesse.*
*Lorsqu'il reconnaîtra bien le son* (oi) *dans les mots parlés, vous pourrez lui montrer le dessin de la chanson de Sino :* **oi** *et le lui faire trouver dans les mots écrits sous la portée.*

# Néni, le petit ânon

*Ce jeu va amener votre enfant à reconnaître le son (nnn). Faites bien seulement le bruit de cette consonne, n'ajoutez pas de* **e**, *ne dites pas non plus « ène ».*

*Le petit ânon est très mignon, mais on ne peut pas jouer avec lui, il dit toujours : non ! Quand Fanfan lui demande : tu veux courir ? - Non ! - Tu veux te reposer ? - Non !*
*Alors, Fanfan lui a trouvé un nom : Néni, l'ânon-qui-dit-non.*
*Mais quand Pédro lui a dit : « Dans ton nom, j'entends (nnn) :* **nnné-nnni** *», le petit âne a répondu : « Eh oui ! comme dans nnnavet. J'aime bien les navets : tu en as ? »*
*- Eh bien ! dit Pédro, on ira t'en chercher si tu joues avec nous.*
*- Alors, rapportez-moi des tas de choses qui ont (n) dans leur nom, comme dans Néni, dit le petit ânon.*

☐ **Que va donc rapporter Sino, à Néni le petit ânon ?**
*Faites d'abord nommer à votre enfant ce qui se trouve sur la table du bas de la page ci-contre. Puis, demandez :*
☐ **Dans ananas, est-ce que tu entends (n) ?**
*Si votre enfant répond non, répétez le mot en appuyant sur la deuxième et sur la troisième syllabes : a-***na-nas**.

☐ **Dans banane, est-ce que tu entends (n) ?**

*Si votre enfant a des difficultés, n'hésitez pas à l'aider en prononçant lentement : «* **ba-na-ne**, *comme dans* **Né-ni** *».*

*Continuez ainsi avec les autres objets qui sont sur la table et qui contiennent (ou non) le son (n) dans leur nom (***les noisettes, les cerises, le navet, le chocolat, la tartine, les lunettes, le téléphone, les noix,** *et* **la nappe***).*

*Montrer ensuite à votre enfant le dessin du* **n**. *Peut-être sera-t-il déjà capable de lire certains des mots qui correspondent aux dessins ci-dessous. Félicitez-le alors très fort, mais s'il n'y parvient pas, soufflez-lui la réponse. C'est encore difficile à ce stade de l'apprentissage !*

*Votre enfant découvrira bientôt que la lettre* **n** *peut « se marier » avec d'autres lettres pour représenter d'autres sons (***an, on, in...***). Mais chaque chose en son temps. Ne brûlez pas les étapes.*

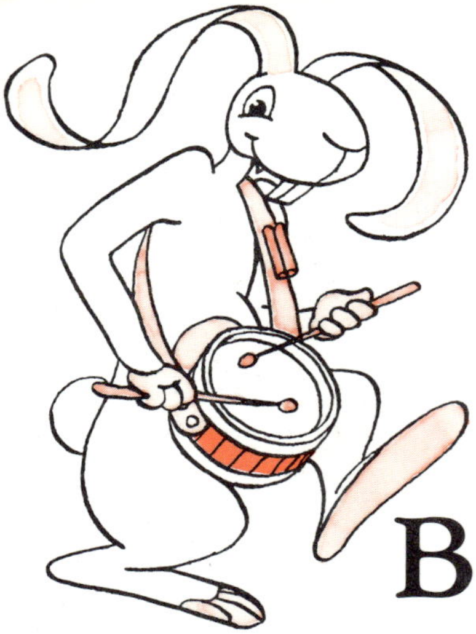

# Boum, badaboum, boum boum

*Comme le laisse deviner son titre, ce jeu a pour but de faire différencier le son* (b) *des autres sons de notre langue.* (b) *se prononce avec une petite explosion du bout des lèvres, associée à un bruit dans la gorge (surtout, ne dites pas* « be », *ni* « bé »*).*

- *Fanfan joue du tambour : boum, badaboum, boum boum !*
- *C'est drôle, lui dit Pédro. On dirait une bulle qui éclate.*
- *C'est parce qu'il y a beaucoup de* (b) *: boum, badaboum, boum boum !*
- *Eh bien, jouons ! Pour avancer dans les cases, dit Pédro, il faut dire si tu entends le bruit du tambour :* (bbb) (boum)

☐ **Reconnais-tu le premier dessin ?** *(Réponse : un ballon.)*

☐ **Est-ce que tu entends** (b) **dans « ballon » ?** *(R. : oui.)* **Bravo !**

- *Fanfan avance jusqu'au ballon. Utilisez un jeton et avancez d'une case chaque fois que la réponse est bonne.*

☐ **Est-ce que tu entends** (b) **dans « chaise » ?** *(R. : non.)*

*Vous poursuivez le jeu de la même façon avec* **les bulles, le banc, la poule, le balai, le poisson, la banane, les cubes, le pull, la brosse** *et* **les bonbons.**

*Il se peut que votre enfant se trompe au mot* poule, *par exemple. Montrez-lui (ou dessinez-lui) une* boule *et faites-lui bien entendre la différence de son entre les deux mots : où est la poule ? où est la boule ?*

*Vous pouvez procéder de même avec* **b**ulles *(et* **p**ull*),* **b**anc *(et* **p**an *!),* **p**oisson *(et* **b**oisson*),* **b**on**b**ons *(et* **p**om**p**ons*).*

*Les deux lettres* **b** *et* **p**, *lorsqu'elles sont imprimées, se ressemblent beaucoup (une barre avec un rond en bas à droite pour le* **b**, *une barre avec un rond en haut à droite pour le* **p**). *Comme votre enfant a appris à bien reconnaître la lettre* **p** *(cf. Préparation à la lecture, 5 ans et demi), il ne la confondra pas avec la lettre* **b.** *Vous pouvez le vérifier en lui faisant chercher les* **b** *de cette page. A chaque découverte, lisez-lui le mot (pour qu'il associe étroitement le son et le dessin de la lettre), et surtout, félicitez-le !*

# La course

*Ce jeu est destiné à assurer un bon raisonnement logique. Il habituera aussi votre enfant à utiliser le sens conventionnel* gauche / droite *qui est celui de la lecture et de l'écriture.*

- *Cet après-midi, il y a une course au village, une course de vélos. Fanfan a décidé de courir.*
- *D'abord, il faut voir si ton vélo est en bon état, a dit Zoé. Tiens, regarde, ta roue arrière a besoin d'un bon coup de pompe... Et puis, fais bien attention au départ. Quand on donnera le coup de sifflet, ne sois pas dans la lune... Baisse la tête quand tu pédales et mets tes oreilles bien à plat... Si tu arrives le premier, on t'offrira un grand panier de carottes !*
- *Bien préparé, grâce aux bons conseils de Zoé, Fanfan a fait une course terrible.*

*Découpez les images et collez-les sur du carton fort, si vous voulez que votre enfant puisse les manipuler. Vous pouvez faire de même à partir d'une photocopie de ces deux pages.*

☐ **Regarde les photos prises par Sino. Elles montrent comment s'est passée la course. Mais elles sont toutes mélangées. Nous allons les remettre en ordre.**

☐ **Montre-moi la première photo, celle qui commence l'histoire.**
*Si votre enfant ne trouve pas, montrez-la-lui, en lui demandant de raconter ce qu'il voit dessus. (Réponse : Fanfan regonfle le pneu arrière de son vélo. Zoé le regarde.)*

☐ **Après, où est Fanfan ? Montre-moi la deuxième photo.** *(R. : Fanfan est sur la ligne de départ.)*
*Quand l'enfant l'a trouvée, vous la faites placer à côté de la première, à droite.*

☐ **Après, que fait notre ami le lapin ?** *(R. : Il pédale.)*
*Vous continuez ainsi jusqu'à la dernière photo. Certains enfants ont des difficultés pour percevoir l'ordre de déroulement des événements. Si c'est le cas du vôtre, aidez-le en relisant, par exemple, le petit texte de la page ci-contre. Faites-lui retrouver les photos au fur et à mesure que se déroule l'histoire. C'est grâce à votre patience et à vos encouragements que votre enfant réussira.*

# Caroline

- C'est à mon tour de vous raconter une histoire, dit Zoé ; une histoire de jumelles.

- Des histoires de jumelles, dit Sino, j'en connais : j'ai eu trois sœurs jumelles qui sont nées en même temps que moi.

- Tes histoires de chiens n'ont rien à voir avec mon histoire. Moi, je vais vous parler de deux petites filles à qui leur tante avait offert une magnifique tortue. Elles s'appelaient Muguette et Violette.

- Et la tortue s'appelait Zoé, bien entendu, dit Fanfan.

- Elle s'appelait Caroline, grand bavard. Si vous m'interrompez encore, je m'arrête, moi.

- Mais non, mais non, continue, dit Pédro ; j'adore les histoires de jumelles.

- Donc, reprit Zoé, nos deux petites filles étaient enchantées de ce cadeau. Notre tortue, répétaient-elles partout, est la plus belle du pays.

- Allons, allons, disait Caroline, qui avait un peu honte de tous ces compliments, je ne suis pas la plus belle ; je suis la plus grosse, si vous voulez. Et encore ! je ne suis pas aussi grosse que la soupière bleue de votre tante Lili. Mais je crois que ma peau est aussi dure... Brave Caroline ! Il faudra lui expliquer qu'une soupière n'a pas de peau et que ce n'est pas une bête. Enfin, est-ce que vous avez vu une soupière se promener dans le jardin et manger de la salade ? Non ? Alors !

Ceci dit, Caroline adore ses petites amies. Seulement, deux jumelles, ça se ressemble comme deux rondelles de carotte... Et Caroline ne sait jamais à qui elle parle. Ah ! si l'une avait une robe verte et l'autre une robe jaune, par exemple, ce serait plus facile. Mais non, leur maman les habille toutes les deux de la même façon.

- Tenez, explique Caroline, quand Muguette me demande l'heure, eh bien, je pars, je me dépêche, je regarde la pendule, je reviens, je dis : « Il est quatre heures. » Et elle me répond : « Mais je

# et les sœurs jumelles

ne t'ai rien demandé ! » Ça y est, je me suis encore trompée de jumelle ! Toujours courir pour rien, en portant sa maison sur son dos, c'est fatigant, à la fin !

Et c'est pour ça que Caroline, la tortue, s'est cherché une jumelle, elle aussi. « Elles vont voir si c'est agréable de se tromper tout le temps ! » Oui, mais il n'y a pas d'autre tortue dans le pays. Alors, en cherchant bien, Caroline a trouvé dans le jardin la moitié d'une écorce de melon. Elle la porte au milieu de l'allée, y colle quelques morceaux de feuille morte, ajoute une coquille d'escargot pour faire la tête... Ma parole, on dirait une seconde Caroline !

Et voilà les deux sœurs qui reviennent de l'école.

- Salut, Caroline, dit Muguette, mais qu'est-ce que tu fais au milieu de l'allée ? Tu vas te faire écraser, viens vite ici.

Mais la tortue-pour-rire ne bouge pas. La petite fille s'approche, prend l'écorce vide et pousse un cri : « Caroline ? où est Caroline ? Elle est sortie de sa maison... sa carapace est vide... »

Violette s'est approchée à son tour.

- Que tu es sotte ! C'est une écorce de melon. Je me demande qui a pu nous faire cette farce.

- C'est moi, dit la vraie Caroline qui s'était cachée derrière une pierre. Voyez comme c'est désagréable de se tromper sur les gens. Eh bien, avec vous, c'est toujours comme ça. Alors écoutez-moi, j'ai une idée : vous demandez à votre maman d'acheter deux rubans : un bleu et un rose et vous faites un beau nœud pour vos cheveux.

On demanda donc à la maman, qui trouva l'idée excellente.

- Bravo, dit Pédro, le perroquet : c'était en effet une bonne idée.

- Bonne pour les filles, grogna Sino : vous voyez d'ici mes trois sœurs, des chiens de chasse, avec un ruban bleu ou rose ou jaune autour des oreilles ?

*Comme tous les contes de ce livre, celui-ci est raconté par l'un des animaux que votre enfant a appris à connaître. Lecture faite, vérifiez d'abord qu'il ne mélange pas les noms des personnages de l'histoire racontée par Zoé :*

☐ **Qui est Caroline ?**

☐ **Comment s'appellent les deux jumelles ?**

*Demandez ensuite à votre enfant de vous raconter l'histoire à partir des images :*

☐ **Qu'est-ce que des jumelles ?**

☐ **Peux-tu reconnaître Muguette et Violette sur le premier dessin** *(cf. page ci-contre)* **?**

☐ **Qu'est-ce que Caroline a fait, sur la deuxième image ?**

☐ **Comment reconnaît-on Muguette et Violette à la fin de l'histoire ?**

*Bien sûr, on aurait pu coudre le nom de chaque fillette sur sa robe. Les rubans ont joué ce rôle. Eh bien, vous disposez d'un prétexte pour faire travailler votre enfant sur un phénomène important : il y a des détails qui permettent de distinguer deux choses semblables. Ces détails, ce sont souvent des assemblages de lettres : des mots. Votre enfant s'en apercevra vite ; prenez, par exemple, deux tablettes de chocolat. Comment distinguer sans les ouvrir s'il s'agit de chocolat au lait ou de chocolat à croquer ? C'est le mot* **lait** *ou le mot* **croquer** *qui permet de le savoir (la couleur de l'emballage n'est pas suffisante, parce qu'elle change d'une marque à l'autre).*

*Utilisez l'expérience de votre enfant pour lui faire découvrir l'importance des mots écrits : montrez-lui votre nom sur la boîte aux lettres, par exemple. Un enfant qui a découvert que les mots écrits avaient un sens, n'a pas besoin qu'on lui explique la nécessité d'apprendre à lire.*

# Les cadeaux de

*- Des cadeaux, les amis, des cadeaux pour nous. C'est Dodu-Dindon qui va nous les envoyer. Voici le catalogue pour qu'on les choisisse.*
*- Qui c'est, Dodu-Dindon ? demande Zoé.*
*- C'est mon oncle, répond Pédro. Il est très riche.*
*- C'est un drôle de nom, dit Sino. On entend tout le temps* (d) *, comme dans* **dîner**, *dans* **boudin**, *dans* **sardine**...
*- Allons, Sino, tu ne penses vraiment qu'à manger. Viens donc choisir les cadeaux. Mais, attention, on peut seulement choisir une chose si l'on entend* (d) *dans son nom.*

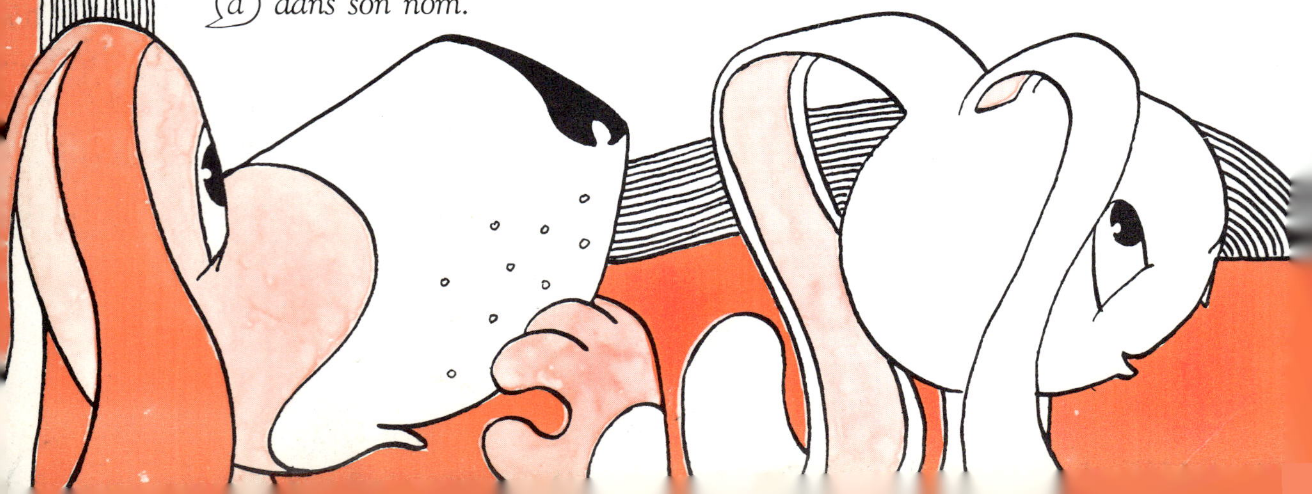

# Dodu-Dindon

*Guidez votre enfant en appuyant sur les syllabes des mots quand elles contiennent un (d) (une* **dou***che, un accor***dé***on, une pen***du***le, etc.).*
*Quand votre enfant reconnaîtra bien le son (d) , vous pourrez lui montrer la lettre* **d** *et il la cherchera dans les mots qui sont écrits sous les dessins. S'il le désire, vous pouvez élargir l'intérêt du jeu en imaginant ce que Sino, Fanfan, Zoé et Pédro vont faire de leurs cadeaux. Vous pouvez également en profiter pour feuilleter ensemble des catalogues et pour lui en expliquer le mode d'emploi.*

# Le pont Patapon

*Avec ce jeu, votre enfant va apprendre à reconnaître les deux lettres* **o + n** *lorsqu'elles se prononcent* (on)

• *Pédro et ses amis sont allés se promener au bord de la rivière.*

*- On dirait le pont d'Avignon où l'on danse tous en rond, dit Fanfan.*

*- Non, c'est le pont Patapon, répond Zoé.*

*- Regardez, dit Pédro, il y a un renard qui joue de l'accordéon.*

*- Je m'appelle Léon, dit le Renard, et je fais danser les enfants devant le pont Patapon.*

*Comme vous l'avez sans doute deviné, le but de cet exercice est d'amener votre enfant à reconnaître le son* (on) .

☐ **Écoute bien : pont,** *pata***pon,** *lé***on,** *accordé***on. Qu'est-ce que tu entends toujours à la fin de ces mots ?** *(Réponse : on).*

*Si votre enfant ne trouve pas, redites ces mots en prolongeant la syllabe qui contient le son (on) (exemple : pata***pon-on-on***...). Félicitez-le dès qu'il a réussi, et proposez-lui de chercher, dans le paysage ci-dessous, tout ce qui se prononce avec le son (on) . (Cochon, mouton, avion, poisson, jus de citron, bouchon, hameçon, etc.)*
*Laissez-bien à cet exercice la forme d'un jeu. Cherchez les réponses en même temps que votre enfant. Mais ayez soin de le laisser gagner...*
*Si votre enfant a bien réussi la première partie de l'exercice et désire continuer, montrez-lui le dessin* **on** *quand il correspond au son (on) . Faites-le lui trouver dans les mots de cette page, dans les contes de ce livre ou, pourquoi pas, dans les titres d'un journal, d'une revue, ou dans les messages d'une affiche publicitaire. Il est important que la lecture ne soit pas limitée aux seules pages des livres. Très vite, votre enfant doit découvrir qu'elle peut et doit s'exercer en toutes circonstances.*

sa
ta
cou
ba

coussin
tasse
banane
savon
bateau
couteau
sacoche
tableau
salade
tapis
couronne
ballon
sapin
couvercle
table
balançoire

# On a gagné !

*Ce jeu a pour but de faire entendre et reconnaître deux sons associés qui forment une syllabe (consonne + voyelle).*

• *Ce matin, Sino, Fanfan, Zoé et Pédro ont l'air très content. Ils ont pris des billets de loterie et, comme c'est leur jour de chance — la chouette l'avait bien dit ! — ils ont gagné. Avant de poursuivre, vérifiez que votre enfant reconnaît bien tous les dessins qui représentent ce qu'ont gagné nos amis.*

- *Moi, j'ai gagné tout ce qui commence par* **ta-**, *dit Fanfan.*
☐ **Que va avoir Fanfan** *? (Réponse : la tasse, le tableau, le tapis, la table.)*
*Si votre enfant a des difficultés pour trouver, montrez-lui la tasse en insistant sur la première syllabe : « Écoute bien le début du mot :* **ta***-sse ; est-ce que tu entends* **ta** *? »*

- *Moi, j'ai gagné tout ce qui commence par* **cou-**, *dit Zoé.*
☐ **Que va prendre Zoé** *? (R. : le coussin, le couteau, la couronne, le couvercle.)*

- *Moi, j'ai gagné tout ce qui commence par* **sa-**, *dit Sino.*
☐ **Que va avoir Sino ?** *(R. : le savon, la sacoche, la salade, le sapin.)*

- *Et moi, dit Pédro, j'ai gagné tout ce qui commence par* **ba-**.
*(R. : la banane, le bateau, le ballon, la balançoire.)*

*Si votre enfant trouve facilement les réponses, vous pouvez alors lire chaque mot écrit, lentement, en le montrant du doigt, votre enfant le disant juste après vous. Vous pouvez aussi, peut-être, augmenter la difficulté en cachant les dessins (avec des jetons, par exemple), avant de lire.*
*Si votre enfant n'arrive pas à lire les mots, ce qui est encore tout à fait normal, ne le grondez surtout pas. Vous risqueriez de le décourager. Soufflez-lui les réponses et reprenez cette partie du jeu dans quelques semaines.*

# Le goûter

*En jouant à ce jeu, votre enfant va apprendre à reconnaître le son* (g) *, celui que l'on entend dans «* **goûter** *». Prononcez bien seulement le bruit bref du son* (g) *. N'ajoutez pas de « e », ne dites pas « gé », non plus.*

• *Nos amis se sont installés dans le jardin pour goûter. Pédro a décoré les arbres avec des guirlandes. Sino a une guitare. Fanfan et Zoé ont été chargés d'apporter à manger.*
*La fête commence. Mais bientôt de gros nuages cachent le soleil et la pluie se met à tomber.*
• *Qu'est-ce qu'on fait ? demande Fanfan.*
• *Portons vite toutes nos affaires dans le garage, dit Pédro. Mais, attention, pas de pagaille ! Commençons par rentrer les choses dont le nom contient* (g) *, comme dans* **garage**, *justement.*
☐ **Aidons-les, nous aussi**, *dit Maman.*

*Cherchez avec votre enfant, dans le paysage de la page ci-contre, tous les mots où l'on entend* (g) *(guirlandes, guitare, gobelets, gaufres, grenadine, légumes, gruyère, etc.).*
*Ce son est difficile à reconnaître. Vous pouvez aider votre enfant en procédant de la façon suivante :*
☐ **Regarde ici. C'est un gâteau. Est-ce que tu entends** (**g-g-g**) *dans* **gâteau** *? (R. : oui.)*
☐ **Ici, c'est une table. Est-ce que tu entends** (**g-g-g**) *dans* **table** *? (R. : non.)*

*Il n'est pas nécessaire de tout trouver la première fois. Si vous sentez que votre enfant se fatigue, il est préférable d'arrêter l'exercice et de le reprendre plus tard. S'il a envie de connaître la lettre qui correspond à ce son, vous pouvez la lui montrer dans un mot de cette page, puis la faire chercher dans d'autres mots. Ne parlez pas encore du son* (j-j-j) *qui s'écrit avec la lettre* **g** *(avant* e *et* i *:* **ge**, **gi***). Cela contribuerait à tout embrouiller. Une seule difficulté à la fois !*

# Un chien

- Moi aussi, je vais vous raconter une histoire, dit Sino, le bon gros toutou. Je vais vous raconter l'histoire de mon cousin Plutar.
- Plus tard ? Pourquoi veux-tu la raconter plus tard ? dit Pédro. Raconte-la tout de suite.
- Mais écoutez donc au lieu de parler tout le temps ! Plutar, c'est son nom. Ce Plutar, figurez-vous, a un très, très mauvais caractère, alors que moi, n'est-ce pas, j'ai un très bon caractère.
- Hum ! fait Pédro.
- Donc, continue Sino, mon cousin Plutar, ce matin-là, se réveilla de très mauvaise humeur. Il ne dit même pas bonjour à son vieux maître qui lui avait préparé une magnifique tartine de beurre.
- Encore du beurre, grogne Plutar, je n'en veux pas. Aujourd'hui, je veux une tartine à la graisse d'éléphant.
- Voyons, mon petit Plutar, je n'ai pas de graisse d'éléphant !
- Alors, je veux une tartine à la glace.
- Mais on ne met pas de glace sur une tartine. Si tu veux, je te donne une glace dans un cornet, dit le vieux maître.
- Non, pas dans un cornet ; et d'ailleurs, je ne veux plus de glace ! Je veux des cuisses de grenouilles...

Là, le vieux monsieur lève les bras au ciel et s'en va en disant : « Quel caractère de chien ! »

Mais voilà qu'à ce moment entre Margot, la pie, une habituée de la maison, elle aussi. Elle s'approche de Plutar, tire un poil de sa moustache et dit : « Tu es le chien le plus mal élevé que je connaisse. Tu mériterais une bonne leçon. Tiens, si tu veux, nous échangerons nos repas : je te donne mon petit déjeuner et tu me donnes ta tartine. »
- Ce n'est pas assez, dit mon cousin. Moi, je suis un gros chien. Il me faut deux repas.
- Très bien, dit la pie, je te donnerai mon repas de ce matin et mon repas de ce soir. Ils sont déjà tout prêts dans mes petites casseroles.

# capricieux

- C'est d'accord, dit Plutar. Va chercher tes casseroles.

Margot s'envola jusqu'à son nid et revint aussitôt. Elle posa à droite son repas du matin et à gauche son repas du soir. Pendant ce temps, Plutar attachait sa serviette et se pourléchait les babines : un double repas, quelle chance ! La pie, elle, avait déjà pris la tartine et s'était installée sur un arbre voisin.

- Bon, dit Plutar, commençons par le petit déjeuner. Il souleva le couvercle de la première casserole, et que vit-il ? un gros escargot qui lui faisait les cornes !

- Mais c'est dégoûtant, ça, dit le chien. Et il n'est même pas cuit ! Beurk ! Heureusement qu'il me reste le repas du soir...

Il souleva donc le couvercle de l'autre casserole et poussa un cri : une sauterelle verte venait de lui filer au ras du museau... Il ne restait au fond de la casserole qu'une petite pincée de grains de blé. Alors, furieux, il se tourna vers la pie : « Rends-moi ma tartine, voleuse ! » Mais Margot était déjà loin et mon pauvre chien de cousin dut attendre jusqu'au soir, le ventre vide.

- C'était bien fait pour lui, dit Zoé. Les gens trop gourmands sont toujours punis.

- Eh bien, moi, dit Pédro, tout ça, l'escargot, la sauterelle, les grains de blé, la tartine, je n'en aurais pas laissé une miette.

*L'histoire du chien Plutar est racontée par Sino. Il faut d'abord s'assurer que votre enfant a compris quels sont les personnages du conte : Plutar le chien qui a mauvais caractère, son maître et Margot la pie.*
*Après la lecture, regardez les images. Laissez votre enfant les décrire et les commenter. Au besoin, aidez-le par vos questions :*

☐ **Regarde. Sur la première image, on voit le chien Plutar. Qui est en face de lui ? Que veut manger le chien ?**

☐ **Sur la deuxième image, qui est avec le chien ? Que disent-ils ?**

☐ **Sur la troisième image, que fait le chien ? A-t-il bien mangé ? Est-ce qu'on voit la pie sur cette image ?**

*Les illustrations aident votre enfant à se souvenir du conte. Mais vous devez l'habituer à l'idée que l'image n'en dit pas plus que l'histoire. Ainsi, par exemple, si votre enfant vous raconte, en partant de la troisième image, que le chien a mangé la sauterelle, relisez le passage correspondant du conte. Faites-lui observer que ce qu'il dit n'est pas dans l'histoire. Habituez votre enfant à rester très près de ce qui est lu, à ne pas inventer un autre sens que celui qui est dans le texte. S'il désire raconter une autre histoire, la sienne, encouragez-le à le faire. Mais ne lui laissez pas croire que son histoire est la même que celle du livre. C'en est une autre.*

*L'imagination d'un enfant mérite toujours d'être encouragée. Mais ce n'est pas une raison pour confondre cette faculté merveilleuse avec la lecture qui consiste essentiellement à comprendre ce qu'un autre a écrit.*

# La fête du lapin

*- Demain, dit Pédro, c'est la fête de Fanfan, le lapin, notre bon vieux copain...*
*- Et ce lapin, nous l'aimons bien, ajoute Zoé. Alors, sans rien dire, allons dans un grand magasin...*
*... Voyons, qu'est-ce qu'il aimerait, notre Fanfan ? Des patins ? Un tambourin ? Un sous-marin ?*
*- Peut-être, dit Sino, qu'il préférerait du boudin...*
*- Du boudin, pour un lapin, c'est malin, ça ! dit Zoé.*
*- Bou*__din__*, ma*__lin__*, maga*__sin__ *: choisissons alors des choses où l'on entend (in) puisque Fanfan est un la*__pin__*, propose Sino.*

*- Moi, je vais inventer une chanson pour Fanfan, dit Pédro :*

C'est la fête du lapin
Pin, pin
C'est la fête d'un copain
Pain, pain !

☐ **Que vont choisir nos amis ?** *(R. : les pa***tin***s, le tam-bou***rin***, le mou***lin***, le* **train***, la* **pein***ture, etc.)*
*Vous pouvez ensuite aider votre enfant à repérer l'écriture* **in** *dans certains mots écrits sur les étiquettes. Lisez-les en prolongeant la syllabe qui contient* **in** *(ex. : tambou***rin-in-in***).*
*Vous pouvez continuer le jeu en inventant, comme Pédro, une chanson avec beaucoup de (in) . Votre enfant sera sûrement ravi de la chanter.*

# Sino se déguise

*- Je veux me déguiser, dit Sino. Viens m'aider, Zoé.*
*- Bien volontiers. Voyons, en quoi pourrais-tu te déguiser? Chez le marchand d'habits, il y a de tout : des masques, des capes, des épées, des robes, des chapeaux, des rubans...*
*Sino a pu choisir et essayer des tas de déguisements. On a même pris des photos pour les envoyer à Fanfan et à Pédro qui sont en vacances.*
*- Lesquelles choisis-tu pour Fanfan? demande Zoé.*
*- Je vais lui envoyer celles où l'on entend (an) dans le nom du déguisement, comme dans « Fanfan ».*

• *Demandez d'abord à votre enfant s'il reconnaît les déguisements de Sino. (R. : Sino déguisé en* **chanteur,** *en* **danseur,** *en* **paysan,** *en* **cow-boy,** *en* **éléphant,** *en* **panthère,** *en* **fée,** *en* **cosmonaute,** *en* **fantôme,** *en* **pompier,** *en* **gendarme,** *en* **footballeur.)**

☐ **Quelles photos va-t-on envoyer à Fanfan** *? demande Maman.*

**Rappelle-toi, ce sont celles qui font entendre (an) dans le nom du déguisement.**

*Vous pouvez également profiter de ce jeu pour développer le langage et l'esprit d'observation de votre enfant : à quoi reconnaît-on qu'il s'agit d'un gendarme, d'un cosmonaute, d'un pompier, etc. ? Comment s'appellent les différentes parties de leurs vêtements ?*

*A partir des noms de déguisements (écrits ci-contre en gras) vous pourrez faire observer l'écriture* (**an**)*. Peut-être votre enfant remarquera-t-il que dans* gendarme, *il ne retrouve pas* **an**. *Vous lui direz alors que le son* (an) *s'écrit aussi* **en**, *mais sans insister pour ne pas surcharger sa mémoire. Par contre, s'il vous montre* cosmonaute, *prononcez le mot au ralenti et demandez-lui s'il entend* (an)*. Ensuite, écrivez* **an** *puis* **au** *et faites-lui observer la différence d'orientation de la deuxième lettre (***u** *est en effet un «* **n** *à l'envers »).*

*Dans un cas difficile comme celui-ci, votre rôle n'est pas de remplacer l'école, mais d'aider votre enfant à améliorer ses capacités d'observation. Soyez sûre que vous le conduirez ainsi au succès.*

# Jeu des syllabes

*Nous arrivons à une étape importante dans l'apprentissage de la lecture, celle où l'enfant comprend que les lettres s'enchaînent et se lisent par syllabe : fa, voi, cho, etc. Les jeux de cette page vont vous permettre d'aider votre enfant à commencer à franchir ce cap difficile.*

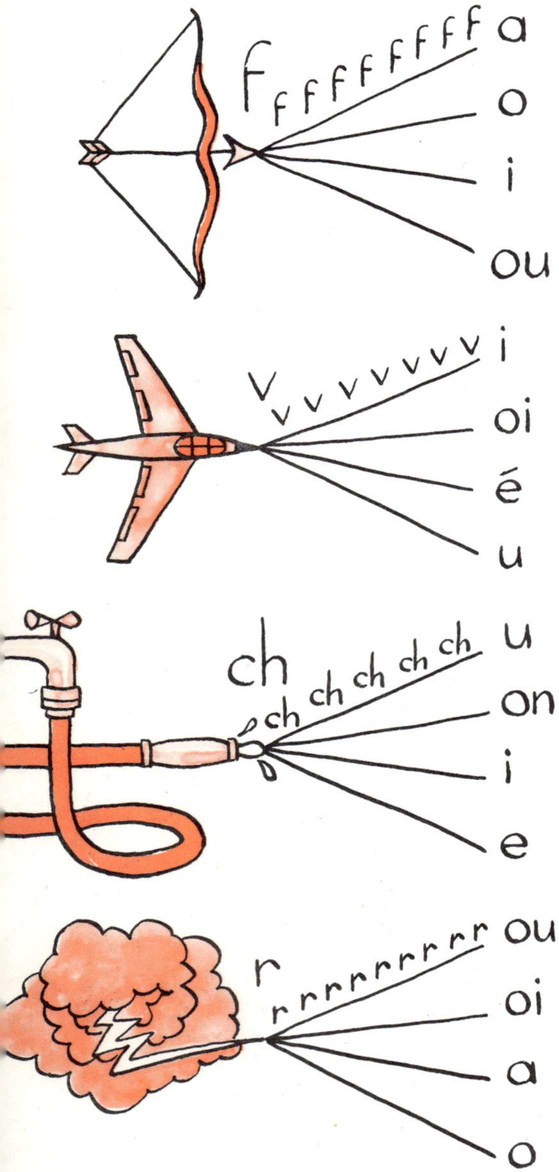


**1er jeu.**

• *Moi, dit Pédro, je sais lire beaucoup de lettres, mais je ne sais pas les mettre ensemble.*
• *Eh bien, je vais t'apprendre, dit Zoé.*
• *C'est facile, explique Sino, on prend le* **vvvv** *de* vvvviande, *le* **oooo** de gigoooot, *et on fait* **vo**. *C'est bon, le veau !*
• *Il ne pense qu'à son ventre, celui-là, dit Zoé, mais* **vvv** *et* **ooo** *qui font* **vo**, *c'est très bien,* **bra-vo !**

☐ **Regarde les dessins,** *dit Maman :* **on part du** *fff*, **comme la flèche, et on va toucher le** *a* **: fffa.**
*Demandez à votre enfant de mettre un doigt sur la flèche et de dire le bruit du fff. Guidez sa main sur le trait qui conduit à la lettre* **a** *en continuant le souffle du f. Ajoutez le son a d'une façon naturelle au moment où le doigt arrive sur la lettre (il ne doit pas y avoir arrêt de l'émission du f à ce moment-là, mais un enchaînement des deux sons). Vous faites de même avec les autres sons-voyelles.*

*Au début, procédez lentement, puis accélérez quand l'enfant comprend et réussit.*
☐ **Maintenant, on part du** *vvv* **, comme l'avion, et on atterrit sur le** *i* **: vvvvi.**
☐ **On part du** *chchch* **, comme l'eau du tuyau et on arrose le** *u* **: chchchu.**
☐ **On part du** *rrrr* **, comme le tonnerre et l'éclair, et on tombe sur le** *ou* **: rrrrou.**

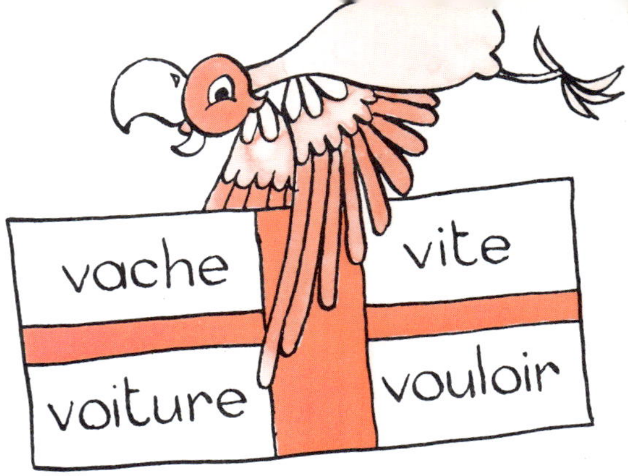

**2ᵉ jeu.**

☐ **Regarde bien les mots encadrés :**

*Dans quel mot vois-tu écrit* **fi** *?*
*(Vous posez ensuite la même question avec* **fu,** *puis avec* **fo,** *puis avec* **fa.***)*

*Dans quel mot vois-tu écrit* **va** *?*
*(puis* **vou,** *puis* **vi,** *puis* **voi.***)*

*Dans quel mot vois-tu écrit* **cha** *?*
*(puis* **chon,** *puis* **cho,** *puis* **choi.***)*

*Dans quel mot vois-tu écrit* **ra** *?*
*(puis* **ro,** *puis* **ri,** *puis* **rou.***)*

*Si votre enfant ne trouve pas, montrez-lui la syllabe ou écrivez-la (en écriture d'imprimerie, comme ci-dessus).*
*Cette aide visuelle lui permettra de réussir, donc d'avoir envie de poursuivre son effort.*
*Vous pouvez reprendre ce type d'exercice et le proposer avec d'autres syllabes. Utilisez alors les autres consonnes (s, m, p, etc.), mais toujours sous forme de jeu.*
*Ces jeux de syllabes sont difficiles. Prenez votre temps, la réussite de votre enfant dépend en grande partie de votre patience et de vos encouragements.*

tu li pe

i ris

a né mo ne

pou pée

voi tu re

ba llon

ju pe

ro be

pan ta lon

poi re

ba na ne

po mme

# Jeu des cartes

*Aux deux notions* droite/gauche, *indispensables pour un bon apprentissage de la lecture, vous allez ajouter la notion* entre *qui sera également utile à votre enfant pour ses apprentissages scolaires.*

*Pour que le jeu soit plus intéressant, nous vous conseillons de photocopier la page ci-contre, les cartes reproduites seront découpées.*

*Commencez par faire poser chaque image découpée sur l'image correspondante du livre. Cela permettra ainsi de nommer les objets qui composent ce jeu (ou de lire leur nom, écrit sous chaque image). Ensuite, regroupez les cartes des colonnes de droite et de gauche. Vous les brassez, puis vous les placez à l'envers sur la table.*

☐ **Je tire une carte**, *propose Maman,* **et je devine où elle va.** *(Exemple : le ballon va* **à droite de** *la voiture.)*

☐ **A toi de tirer, maintenant. Dis-moi où tu mets la carte.**

*L'important est d'inciter votre enfant à parler en utilisant convenablement les mots* droite *et* gauche *. *Quand les images sont toutes posées, enlevez alors celles qui sont au centre, puis retournez-les.*

☐ **Je tire une carte,** *dit Maman,* **et je dis où je la pose.**
*(ex. : la banane. Je la pose* **entre** *la poire et la pomme.)*

*Dans cette deuxième partie du jeu, il s'agit de faire utiliser correctement le mot* entre.

*Votre enfant continue en tirant d'autres cartes. Vous pouvez prolonger le jeu avec les objets qui vous entourent :*

- *Où est la chaise ?* Entre *le lit et l'armoire.*
- *Où est l'assiette ?* Entre *la fourchette et le couteau, etc.*

*Présentez bien cet exercice comme un jeu. Faites toujours en sorte que votre enfant prenne plaisir à exécuter les consignes que vous lui proposez. Chaque encouragement lui donnera envie de continuer.*

* Notions travaillées séparément dans les livres *Préparation à la lecture* 5 ans et 5 ans 1/2 (même collection, éd. Hatier).

# Superlapin

- Je crois, dit Sino, que Fanfan est le seul qui n'ait pas raconté d'histoire.
- C'est que je n'en sais pas, se désole Fanfan. D'ailleurs, quand on me raconte une histoire, je l'oublie tout de suite.
- Tu n'as qu'à en inventer une, dit Pédro.
- Bon, je vais essayer... Eh bien, voilà ; c'est l'histoire d'un lapin magicien qui s'appelait Superlapin. Il était fait comme moi, avec deux belles oreilles, quatre pattes, un petit bout de queue tout à fait ravissant, enfin, superbe, comme moi.
- Ho ! hé ! proteste Zoé, tu exagères un peu, non ?
- Laisse-le, dit Sino, puisqu'il te dit qu'il invente.

Fanfan fait comme s'il n'avait pas entendu ces méchancetés et continue.

- Donc, Superlapin décida, un beau matin, de venir au secours de nos frères lapins tués par les chasseurs. Il faut dire que sa magie tenait dans ses oreilles : s'il les dressait en direction du ciel, hop ! il montait comme une fusée ; s'il les pointait en avant, vroum ! il fonçait à la vitesse du vent. Et quand il croisait ses oreilles, elles devenaient aussi coupantes qu'une paire de ciseaux. C'est surtout de ça qu'il allait se servir. Voyait-il un chasseur parcourant la campagne ? Superlapin passait derrière lui à la vitesse de l'éclair, coupait les ceintures, les courroies des sacs et des fusils, et jusqu'aux bretelles qui tenaient les pantalons... Et l'on voyait les malheureux revenir au village, le dos courbé, la tête basse, tenant leur fusil d'une main et leur pantalon de l'autre. Vous pensez si les gens se moquaient d'eux !

Très en colère, les chasseurs se réunirent : « On a assez ri de nous, dirent-ils, il faut faire quelque chose... Mais quoi ? »

- J'ai une idée, dit l'un d'eux. Tendons un piège à ce maudit lapin.
- Un piège, dirent les autres, mais quoi ? Il faudrait un super-piège...
- Eh bien, voilà : j'ai une vieille chaussette rouge que je vais bourrer

# et les chasseurs

de poudre à fusil : cela deviendra une énorme carotte qui fera envie à Superlapin. Alors il se jettera dessus et boum !

Ainsi firent-ils. On mit la fausse carotte bien en vue, au milieu du chemin qui menait au bois. Puis les chasseurs s'assirent autour d'un feu et attendirent.

Bien entendu, Superlapin, qui avait les yeux en forme de loupe, vit la carotte du premier coup. Il s'approcha, regarda de plus près et dit : « Curieux, curieux... voilà une carotte avec un trou, un trou que l'on a bouché avec de la laine bleue ! Je ne savais pas que l'on raccommodait les carottes dans ce pays. »

Il prit la chaussette du bout des dents et, passant comme une flèche au-dessus des chasseurs, il la laissa tomber au milieu du feu : boum, boum... !

Les malheureux chasseurs rentrèrent chez eux en courant, la figure toute noircie de poudre et de charbon.

- Nous n'arriverons jamais à nous débarrasser de Superlapin, dirent-ils. Laissons là les fusils et allons donc jouer aux boules.

C'est ce qu'ils firent, pour la plus grande tranquillité des lapins de la région.

- Les boules, les boules, c'est très joli, grogna Sino ; mais les chiens de chasseurs, qu'est-ce qu'ils devaient faire, pendant ce temps-là ?

- Ils jouaient aux quilles, dit Fanfan !

BOUM

*L'histoire de Superlapin raconte le triomphe du petit (malin) sur les grands (méchants et bêtes). C'est un thème que les enfants apprécient beaucoup car ils s'identifient au petit.*

*Une fois la lecture du conte terminée, faites que cette histoire de Superlapin soit un moment de plaisir pour votre enfant. C'est la victoire du faible sur le fort, du malin sur le sot. Superlapin est petit, face aux chasseurs, mais il dispose de pouvoirs immenses, comme le chat Botté ou comme Astérix.*

*Le conte de Superlapin sera, bien sûr, une occasion de parler. Mais surtout, il va être une occasion d'imaginer. Après avoir vérifié que votre enfant a compris l'histoire, stimulez son imagination.*

☐ **Superlapin a dû faire beaucoup d'autres misères aux chasseurs. Qu'est-ce qu'il a bien pu faire qui n'est pas raconté dans l'histoire ?**

*Si votre enfant vous renvoie la balle, c'est alors à vous d'imaginer. Jouez le jeu et inventez une autre aventure de Superlapin et des chasseurs.*

*Revenez sur les images de la page ci-contre aussi souvent que votre enfant le demandera.*

*Au siècle dernier, une pédagogue célèbre, Pauline Kergomard, écrivait : « Une image qui n'a été vue que cinq ou six fois, c'est presque une inconnue pour l'enfant !...*

*C'est à la vingtième, à la cinquantième fois qu'il commence à bien la goûter. C'est à la centième fois qu'il l'aime... »*

# Jeu des tiroirs

*Zoé, Fanfan, Pédro et Sino doivent partir en vacances. Mais avant de s'en aller, ils ont décidé de tout mettre en ordre dans leur maison.*
*- Chaque chose à sa place, dit Fanfan.*
*- Chaque chose dans son tiroir, précise Zoé.*
*- Comment faire pour ne pas se tromper ? bredouille Sino.*
*- C'est tout écrit sur les tiroirs, gros bêta, dit Pédro.*
☐ **Aidons-les à lire,** *propose Maman.*
*Votre enfant choisit un objet, puis le tiroir où il doit être rangé. Il peut, soit relier l'objet et le tiroir correspondant par un trait, soit colorier les deux éléments de la même couleur.*
*Il continue ainsi jusqu'à ce que tout soit rangé, pour chaque personnage.*
*Nous avons volontairement choisi des mots contenant des lettres muettes. Chaque son de la langue parlée se retrouve à l'écrit, mais le phénomène inverse est faux : à chaque lettre ne correspond pas obligatoirement un son. Vous pouvez faire*

remarquer à votre enfant qu'il y a des lettres qu'on écrit, mais qu'on ne prononce pas. Elles sont là pour mieux faire comprendre certaines choses à celui qui va lire (par exemple, quand il y a plus d'un bouton, on écrit : bouton**s**).
Le jeu des tiroirs va vous permettre de savoir quelles sont les lettres que votre enfant n'a pas bien retenues. Vous pouvez alors refaire les exercices correspondants. Mais vous pouvez aussi attendre qu'il les revoie à l'école. Tout ce que vous avez fait avec lui resurgira alors et se fixera dans sa mémoire.
Ce jeu de lecture est le dernier du cinquième livre. Si vous avez suivi les cinq ouvrages de la série Préparation à la lecture, votre enfant est maintenant près du but. Bientôt, il pourra lire seul les histoires de Sino, Fanfan, Zoé et Pédro. Et s'il a envie d'écrire un petit mot à nos quatre amis, ils en seront très heureux.

Zoé, Fanfan, Sino et Pédro
Librairie Hatier
8, rue d'Assas
75278 PARIS CEDEX 06

A bientôt !

# Test-promenade

Ce jeu va permettre d'évaluer ce que votre enfant a appris. Au cours de la promenade de Fanfan, vous allez poser des questions. Dix réponses sont prévues. Mettez un signe + pour chaque bonne réponse obtenue.

- Fanfan voit trois choses : un sac, un cartable et un filet à provisions. Où est placé le cartable ? (Réponse : *entre* le sac et le filet.)
- Il prend le cartable. Un peu plus loin, pour son goûter, il achète quelque chose. On entend (b) dans le nom de cette chose : c'est du pain, une brioche ou un croissant ? (R. : une brioche.)
- Il achète aussi un fruit. On entend (oi) dans le nom de ce fruit. C'est une poire ou une banane ? (R. : une poire.)
- Il rencontre Sino qui lui montre trois images : elles racontent une histoire. Laquelle ? Montre les images dans l'ordre de l'histoire. (R. : 3, 1, 2.)
- Fanfan arrive vers Zoé qui lui pose deux devinettes :

- Tu entends (in) dans chemin ou dans cheminée ? (R. : chemin.)
- Tu entends (on) dans bateau ou dans bâton ? (R. : bâton.)

- Fanfan continue sa route. Il arrive vers Pédro qui tient des pancartes. Montre celle où il y a écrit : **fi.**

  Montre celle où il y a écrit : **vo.**
- Enfin, Fanfan arrive devant une grande maison. Il va y entrer, mais avant, il lit ce qui est écrit sur le mur. C'est la...

  (R. : grande.)
  (R. : école.)

Comptez le nombre de + obtenus par votre enfant :

| | |
|---|---|
| 9 ou 10 | C'est excellent. Votre enfant est prêt pour aborder le cours préparatoire dans les meilleures conditions possibles. |
| 6 à 8 | C'est bien. Si vous souhaitez améliorer les chances de réussite de votre enfant, reprenez les jeux qui correspondent aux erreurs faites dans le test. |
| 3 à 5 | Êtes-vous sûre que votre enfant n'était pas fatigué au moment du test-promenade ? N'avez-vous pas été trop rapide ? Vous êtes-vous assurée qu'il comprenait bien les questions posées ? Votre enfant a sans doute besoin de refaire certains jeux des livres précédents. |
| — de 3 | Avez-vous toujours bien suivi les conseils qui étaient donnés tout au long de ce livre ? N'êtes-vous pas allée trop vite ? Votre enfant a peut-être des difficultés pour préparer l'apprentissage de la lecture. Dans ce cas, plus qu'aucun autre, il va avoir besoin de vous pour l'aider. Reprenez quelques jeux qu'il a aimés dans les livres précédents. Partez de ses succès pour choisir ensuite les jeux plus difficiles. Votre patience, votre compréhension et le temps que vous lui consacrerez lui permettront de réussir aussi bien que les autres. |

Présentation . . . . . . . . . . . . . . . . . . . . . . . . . p. 2
Discussion avec des parents . . . . . . . . . . . . . p. 3

1er CONTE : Le roi qui était si petit . . . . . . p. 4
Sino musicien . . . . . . . . . . . . . . . . . . . . . . . p. 8
Néni, le petit ânon . . . . . . . . . . . . . . . . . . . p. 10
Boum, badaboum, boum boum . . . . . . . . . . p. 12
La course . . . . . . . . . . . . . . . . . . . . . . . . . . p. 14

2e CONTE : Caroline et les sœurs jumelles . p. 16
Les cadeaux de Dodu-Dindon . . . . . . . . . . . p. 20
Le pont Patapon . . . . . . . . . . . . . . . . . . . . . p. 22
On a gagné ! . . . . . . . . . . . . . . . . . . . . . . . . p. 24
Le goûter . . . . . . . . . . . . . . . . . . . . . . . . . . p. 26

3e CONTE : Un chien capricieux . . . . . . . . p. 28
La fête du lapin . . . . . . . . . . . . . . . . . . . . . p. 32
Sino se déguise . . . . . . . . . . . . . . . . . . . . . p. 34
Jeu des syllabes . . . . . . . . . . . . . . . . . . . . . p. 36
Jeu des cartes . . . . . . . . . . . . . . . . . . . . . . p. 38

4e CONTE : Superlapin et les chasseurs . . . p. 40
Jeu des tiroirs . . . . . . . . . . . . . . . . . . . . . . p. 44

Test-promenade . . . . . . . . . . . . . . . . . . . . . p. 46



ISBN 2-7293-**5912**-5

Achevé d'imprimer en janvier 1983
Imprimerie du Marval - 12, rue Gabriel-Péri
94400 Vitry-sur-Seine
Dépôt légal 6180 - Janvier 1983